Oh wie schön ist Panama

Die Geschichte,
wie der kleine Tiger und der kleine Bär nach Panama reisen

BELTZ
&Gelberg

Gesetzt nach der neuen Rechtschreibung

Deutscher Jugendbuchpreis 1979

Gulliver Taschenbuch 2
© 1978, 1986 Beltz Verlag, Weinheim und Basel
Programm Beltz & Gelberg, Weinheim
Alle Rechte vorbehalten
Reihenlayout und Einband von Wolfgang Rudelius
Einbandillustration von Janosch
Gesamtherstellung Druckhaus Beltz, Hemsbach
Printed in Germany
ISBN 3 407 78002 8
15 16 17 18 19   01 00 99 98 97

Es waren einmal ein kleiner Bär
und ein kleiner Tiger, die lebten
unten am Fluss. Dort, wo der
Rauch aufsteigt, neben dem
großen Baum.
Und sie hatten auch ein Boot.

Sie wohnten in einem kleinen, gemütlichen Haus mit Schornstein.

»Uns geht es gut«, sagte der kleine Tiger, »denn wir haben alles, was das Herz begehrt, und wir brauchen uns vor nichts zu fürchten. Weil wir nämlich auch noch stark sind.

Ist das wahr, Bär?«

»Jawohl«, sagte der kleine Bär, »ich bin stark wie ein Bär und du bist stark wie ein Tiger. Das reicht.«

Der kleine Bär ging jeden Tag
mit der Angel fischen und der

kleine Tiger ging in den Wald
Pilze finden.

Der kleine Bär kochte jeden Tag
das Essen; denn er war ein guter
Koch.
»Möchten Sie den Fisch lieber

mit Salz und Pfeffer, Herr Tiger,
oder besser mit Zitrone und
Zwiebel?«
»Alles zusammen«, sagte der kleine
Tiger, »und zwar die größte
Portion.«
Als Nachspeise aßen sie
geschmorte Pilze und dann
Waldbeerenkompott und Honig.
Sie hatten wirklich ein schönes
Leben dort unten in dem kleinen,
gemütlichen Haus am Fluss …

Aber eines Tages schwamm auf dem
Fluss eine Kiste vorbei.
Der kleine Bär fischte die Kiste aus
dem Wasser, schnupperte und
sagte:
»Oooh … Bananen.«

Die Kiste roch nämlich nach
Bananen. Und was stand auf der
Kiste geschrieben?
»Pa-na-ma«, las der kleine Bär.
»Die Kiste kommt aus Panama
und Panama riecht nach Bananen.
Oh, Panama ist das Land meiner
Träume«, sagte der kleine Bär.
Er lief nach Hause und erzählte
dem kleinen Tiger bis spät in die
Nacht hinein von Panama.

»In Panama«, sagte er, »ist alles viel
schöner, weißt du. Denn Panama riecht
von oben bis unten nach Bananen.
Panama ist das Land unserer Träume,
Tiger. Wir müssen sofort morgen nach Panama,
was sagst *du*, Tiger?«
»Sofort morgen«, sagte der kleine Tiger,
»denn wir brauchen uns doch vor nichts
zu fürchten, Bär. Aber meine Tiger-Ente
muss auch mit.«
Am nächsten Morgen standen sie noch
viel früher auf als sonst.
»Wenn man den Weg nicht weiß«, sagte
der kleine Bär, »braucht man zuerst einen
Wegweiser.«
Deshalb baute er aus der Kiste einen
Wegweiser.

»Und wir müssen meine Angel
mitnehmen«, sagte der kleine Bär,
»denn wer eine Angel hat, hat auch
immer Fische. Und wer Fische hat,
braucht nicht zu verhungern …«
»Und wer nicht zu verhungern
braucht«, sagte der kleine Tiger,
»der braucht sich auch vor nichts
zu fürchten. Nicht wahr, Bär?«
Dann nahm der kleine Tiger noch

den roten Topf. »Damit du mir jeden Tag
etwas Gutes kochen kannst, Bär. Mir
schmeckt doch alles so gut, was du
kochst. Hmmmm …«
Der kleine Bär nahm noch seinen
schwarzen Hut und dann gingen sie los.
Dem Wegweiser nach. Am Fluss entlang in
die eine Richtung …

He, kleiner Bär und kleiner Tiger! Seht
ihr nicht die Flaschenpost auf dem
Fluss? Auf dem Zettel könnte eine
geheime Botschaft über einen
Seeräuberschatz stehen ... Zu spät.
Ist schon vorbeigeschwommen.

»Hallo Maus«, sagte der kleine Bär, »wir
gehen nach Panama. Panama ist das
Land unserer Träume. Dort ist alles
ganz anders und viel größer ...«
»Größer als unser Mauseloch?«, fragte
die Maus. »Das kann nicht sein.«
Ach, was wissen Mäuse denn von
Panama?
Nichts, nichts und wieder nichts.

Sie kamen beim alten Fuchs vorbei, der gerade mit einer Gans seinen Geburtstag feiern wollte.

»Wo geht's denn hier nach Panama?«, fragte der kleine Bär.

»Nach links«, sagte der Fuchs, ohne lange zu überlegen, denn er wollte nicht gestört werden. Nach links war aber falsch. Sie hätten ihn besser nicht fragen sollen.

Dann trafen sie eine Kuh.

»Wo geht's denn hier nach Panama?«, fragte der kleine Bär.

»Nach links«, sagte die Kuh, »denn rechts wohnt der Bauer, und wo der Bauer wohnt, kann nicht Panama sein.«

Das war wieder falsch; denn wenn man immer nach links geht, wo kommt man dann hin?

– Richtig! Nämlich dort, wo man hergekommen ist.

Bald fing es auch noch an zu regnen und das Wasser tropfte vom Himmel

und tropfte und tropfte und tropfte …
»Wenn bloß meine Tiger-Ente nicht nass
wird«, sagte der kleine Tiger, »dann
fürchte ich mich vor nichts.«
Wo habt ihr denn euern schönen
Regenschirm, kleiner Bär und kleiner
Tiger? – Hängt zu Haus an der Tür.
Ja, ja!

Abends baute der kleine Bär aus zwei
Blechtonnen eine Regenhütte. Sie
zündeten ein Feuer an und wärmten sich.
»Wie gut«, sagte der kleine Tiger, »wenn
man einen Freund hat, der eine
Regenhütte bauen kann. Dann braucht
man sich vor nichts zu fürchten.«

Als der Regen vorbei war, gingen sie
weiter.
Sie bekamen auch bald Hunger und
der Bär sagte:
»Ich habe eine Angel, ich gehe fischen.
Warte du so lange unter dem großen
Baum und zünde schon ein kleines
Feuer an, Tiger, damit wir die Fische
braten können!«
Aber da war kein Fluss und wo kein
Fluss ist, ist auch kein Fisch. Und wo
kein Fisch ist, nützt dir auch eine Angel
nichts.

Wie gut, dass der kleine Tiger Pilze
finden konnte, sonst wären sie wohl
verhungert.
»Wenn man einen Freund hat«, sagte
der kleine Bär, »der Pilze finden kann,
braucht man sich vor nichts zu
fürchten. Nicht wahr, Tiger?«

Sie trafen bald zwei Leute, einen Hasen
und einen Igel, die trugen ihre Ernte
nach Hause.

»Kommt mit zu uns nach Haus«, sagten die beiden, »ihr könnt bei uns übernachten. Wir freuen uns über jeden Besuch, der uns etwas erzählen kann.«

Der kleine Bär und der kleine Tiger
durften auf dem gemütlichen Sofa sitzen.
»So ein Sofa«, sagte der kleine Tiger, »ist
das Allerschönste auf der Welt. Wir kaufen
uns in Panama auch so ein Sofa, dann
haben wir *wirklich* alles, was das Herz
begehrt. Ja?«

»Ja«, sagte der kleine Bär.
Und dann erzählte der kleine Bär den
beiden Leuten den ganzen Abend von
Panama.
»Panama«, sagte er, »ist unser
Traumland, denn Panama riecht von
oben bis unten nach Bananen. Nicht
wahr, Tiger?«
»Wir waren noch nie weiter als bis zum
anderen Ende unseres Feldes«, sagte
der Hase. »Unser Feld war bis heute
auch immer unser Traumland, weil
dort das Getreide wächst, von dem wir
leben. Aber jetzt heißt unser Traumland
Panama. Ooh, wie schön ist Panama,
nicht wahr, Igel?«

Der kleine Bär und der kleine Tiger
durften auf dem schönen Sofa schlafen.
In dieser Nacht träumten alle vier von
Panama.

Einmal trafen sie eine Krähe.

»Vögel sind nicht dumm«, sagte der kleine Bär und er fragte die Krähe nach dem Weg.

»Welchen Weg?«, fragte die Krähe. »Es gibt hundert und tausend Wege.«

»In unser Traumland«, sagte der kleine Bär. »Dort ist alles ganz anders. Viel schöner und so groß ...«

»Das Land kann ich euch wohl zeigen«, sagte die Krähe, denn Vögel wissen alles. »Dann fliegt mir mal nach. Hupp ...!«

Und sie schwang sich auf den untersten Ast des großen Baumes. Flog höher und höher.

Die beiden konnten nicht fliegen, nur klettern.

»Lass mich bloß nicht los, Bär!«, rief der kleine Tiger, »sonst bricht sich meine Tiger-Ente ein Rad …«

»Das da«, sagte die Krähe, »ist es.«

Und sie zeigte mit dem Flügel ringsherum. »Oooh«, rief der kleine Tiger, »ist daaaas schön! Nicht wahr, Bär?«

»Viel schöner als alles, was ich in meinem ganzen Leben gesehen habe«, sagte der kleine Bär.

Was sie sahen, war aber gar nichts
anderes als das Land und der Fluss, wo sie
immer gewohnt hatten. Hinten, zwischen
den Bäumen, ist ja das kleine Haus. Nur
hatten sie das Land noch nie von oben
gesehen.
»Ooh, das ist ja Panama …«,
sagte der kleine Tiger. »Komm, wir
müssen sofort weiter, wir müssen zu dem
Fluss.
Dort bauen wir uns ein kleines,
gemütliches Haus mit Schornstein. Wir
brauchen uns doch vor nichts zu
fürchten, Bär.«
Und sie kletterten von dem Baum und
kamen bald zum Fluss.

Wo habt ihr denn euer Boot, kleiner Bär
und kleiner Tiger? –
Liegt bei eurem kleinen Haus am Fluss.

»Such du schon mal Bretter und Holz«,
sagte der kleine Bär.

Und dann baute er ein Floß.
»Wie gut«, sagte der kleine Tiger, »wenn
man einen Freund hat, der ein Floß bauen
kann. Dann braucht man sich vor nichts
zu fürchten.«

Sie zogen das Floß in den Fluss und
schwammen damit auf die andere Seite.

»Vorsichtig, Bär«, sagte der kleine Tiger,
»dass meine Tiger-Ente nicht umkippt.
Sie kann nämlich nicht gut
schwimmen.«
Auf der anderen Seite gingen sie am
Fluss entlang und der kleine Bär sagte:
»Du kannst ruhig immer hinter mir
her gehen, denn ich weiß den Weg.«

»Dann brauchen wir uns vor nichts zu
fürchten«, sagte der kleine Tiger, und
sie gingen so lange, bis sie zu einer
kleinen Brücke kamen.

Die kleine Brücke hatte früher einmal der
kleine Bär gebaut; sie waren nämlich
schon bald bei den Sträuchern, wo ihr
Haus stand. Aber sie erkannten die
Brücke nicht, denn der Fluss hatte sie mit
der Zeit etwas zerstört.
»Wir müssen die Brücke reparieren«,
sagte der kleine Tiger, »heb du das Brett
von unten und ich heb das Brett von
oben. Aber pass auf, dass meine Tiger-Ente
nicht ins Wasser rollt.«

He, kleiner Bär und kleiner Tiger! Da
schwimmt ja schon wieder eine
Flaschenpost im Fluss. Auf dem Zettel
könnte eine geheime Botschaft stehen.

nteressiert ihr euch denn nicht für einen
echten Seeräuberschatz im Mittelmeer?
Zu spät, Flaschenpost ist vorbeigeschwommen.

Auf der anderen Seite des Flusses fanden
sie einen Wegweiser.
Er lag umgekippt im Gras.
»Was siehst du da, Tiger?«
»Wo denn?«
»Na hier!«
»Einen Wegweiser.«
»Und was steht darauf geschrieben?«
»Nichts, ich kann doch nicht lesen.«
»Pa …«
»Paraguai.«
»Falsch.«
»Pantoffel.«

»Nein, du Dummkopf. Pa-na-ma.
Panama. Tiger, wir sind in Panama! Im
Land unserer Träume, oooh – komm her,
wir tanzen vor Freude.«

Und sie tanzten vor Freude hin und her
und ringsherum.

Aber du weißt schon, was das für ein
Wegweiser war. Na? Genau.

Und als sie noch ein kleines Stück
weitergingen, kamen sie zu einem
verfallenen Haus mit Schornstein.

»O Tiger«, rief der kleine Bär, »was sehen
denn da unsere scharfen Augen, sag!«

»Ein Haus, Bär. Ein wunderbar, wundervoll schönes Haus. Mit Schornstein. Das schönste Haus der Welt, Bär. Da könnten wir doch wohnen.«

»Wie still und gemütlich es hier ist, Tiger«, rief der kleine Bär, »lausch doch mal!«

Der Wind und der Regen hatten ihr altes Haus ein bisschen verwittern lassen, so dass sie es nicht wieder erkannten. Die Bäume und Sträucher waren höher gewachsen, alles war etwas größer geworden.

»Hier ist alles viel größer, Bär«, rief der kleine Tiger, »Panama ist so wunderbar, wundervoll schön, nicht wahr?«

Sie fingen an, das Haus zu reparieren. Der kleine Bär baute ein Dach und einen Tisch und zwei Stühle und zwei Betten.

»Ich brauche zuerst einen Schaukelstuhl«, sagte der kleine Tiger, »sonst kann ich mich nicht schaukeln.«

Und er baute einen Schaukelstuhl.
Dann pflanzten sie im Garten Pflanzen,
und bald war es wieder so schön wie
früher. Der kleine Bär ging fischen, der
kleine Tiger ging Pilze finden. Nur war es
jetzt *noch* schöner; denn sie kauften sich
ein Sofa aus Plüsch und ganz weich. Das
kleine Haus bei den Sträuchern kam
ihnen jetzt so schön vor wie kein Platz auf
der Welt.
»O Tiger«, sagte jeden Tag der kleine Bär,
»wie gut es ist, dass wir Panama gefunden
haben, nicht wahr?«

»Ja«, sagte der kleine Tiger, »das Land unserer Träume. Da brauchen wir nie, nie wieder wegzugehen.«

Du meinst, dann hätten sie doch gleich zu Hause bleiben können?
Du meinst, dann hätten sie sich den weiten Weg gespart?
O nein, denn sie hätten den Fuchs nicht getroffen und die Krähe nicht. Und sie hätten den Hasen und den Igel nicht getroffen und sie hätten nie erfahren, wie gemütlich so ein schönes, weiches Sofa aus Plüsch ist.